# Wunder Wünsche Weihnachtszauber

Weihnachten!
Welch ein Zauber
liegt in diesem Wort!
Marie von Miller

# Zauberhafte Adventszeit

Frostige Luft und warmer Kerzenschein, der Duft von gebrannten Mandeln und das Funkeln der Lichter am Tannenbaum … … die magische Adventszeit lädt uns ein, uns von den kleinen Freuden verzaubern zu lassen. Auf den nächsten Seiten begeben wir uns deshalb auf eine wunderbare Reise durch diese besondere Zeit voller Wunder und Wünsche.

Lass dich von verträumten Worten und zauberhaften Bildern wärmen, während draußen die Schneeflocken tanzen.

Engel sind immer da,
aber besonders an
**Weihnachten.**

Anke Kopietz

Und wieder nun lässt aus dem Dunkeln
**Die Weihnacht** ihre Sterne funkeln!
Die Engel im Himmel hört man sich küssen
Und die ganze Welt riecht nach
Pfeffernüssen ...

Arno Holz

Weihnachten ist ein Fest für
**die Menschheit.**
Es kommt über einen und legt sich
warm und weich auf einen und
duftet nach Tannen und Wachskerzen
und Lebkuchen und nach vielem,
was es gab, und nach vielem,
was es geben wird.

unbekannt

Auch eine kleine Freude
kann das größte Glück sein.
Nina Sandmann

# Weihnachten

Joachim Ringelnatz

Liebeläutend zieht durch Kerzenhelle,
mild, wie Wälderduft, die Weihnachtszeit,
und ein schlichtes Glück streut auf die Schwelle
schöne Blumen der Vergangenheit.
Hand schmiegt sich an Hand im engen Kreise,
und das alte Lied von Gott und Christ
bebt durch Seelen und verkündet leise,
dass die kleinste Welt die größte ist.

Weihnachten
öffnet Fenster
zum Himmel.
Angelika Emmert

# Weihnachten ist Wünschezeit

Der Dezember lädt nicht nur die Kleinen, sondern auch uns Erwachsene dazu ein, über unsere Wünsche nachzudenken. Jede und jeder von uns hat schließlich große, kleine und vielleicht sogar längst vergessene Sehnsüchte. Ein kalter Dezemberabend ist der perfekte Augenblick, um es dir gemütlich zu machen und diese – vielleicht sogar in Form eines Wunschzettels – zu notieren. Mehr Zeit für dich selbst, eine Portion Mut, um etwas Neues zu wagen, oder das Wiedersehen mit einem lieben Menschen – was würdest du wählen, wenn du einen Wunsch frei hättest? Und gibt es vielleicht eine Möglichkeit, wie du dir deine Wünsche selbst erfüllen kannst? Erlaube es dir, für ein paar Augenblicke wieder Kind zu sein und ganz fest an die Magie des Wünschens zu glauben.

**Zauberhafte Adventsmomente,**
in denen du dich wunschlos glücklich fühlst,
die wünsche ich dir.

**Frischer Schnee bedeckt die Felder,**
**nur noch Stille, weit und breit.**
**In einem Augenblick, da spür ich**
**die gelassene Ewigkeit.**

unbekannt

Im Dezember
verwandelt sich mein Garten in ein
Winterwunderland.
Johanne Bernbacher

Wenn es in uns

*weihnachtet,*

weihnachtet es auch
um uns.

Friederike Weichselbaumer

Schneeflöckchen, Weißröckchen,
wann kommst du geschneit?
Du wohnst in den Wolken,
dein Weg ist so weit …

Hedwig Haberkern

Die Adventszeit
beginnt im Herzen eines
jeden Menschen.

Gudrun Kropp

Weihnachten
ist kein Zeitpunkt
und keine Jahreszeit,
sondern eine
Gefühlslage.
Calvin Coolidge

**Mögest du dir die Zeit nehmen,
die stillen Wunder zu feiern,
die in der lauten Welt
keine Bewunderer haben.**

Irischer Segenswunsch

# Große Wunder

treten oft im unscheinbaren Kleid
von kleinen glücklichen Zufällen
in unser Leben.

Yvonne Mölleken

Wenn wir all das Schöne,
das wir erleben, und all die Ereignisse,
die uns glücklich machen,
als kleine Wunder ansehen,
dann ist das Leben
**einfach wunderbar.**

Irmgard Erath

Um Wunder zu erleben,
muss man an sie
glauben.
Carl Ludwig Schleich

# Wächter der Weihnachtszeit

Mit seinem entschlossenen Blick und seiner festlichen Uniform ist der Nussknacker heute weltweit ein Symbol für Weihnachten. Wenn du dich aber auf die Suche nach dem ersten Nussknacker begeben willst, dann wird dich deine Reise früher oder später in die tiefen Wälder des Erzgebirges führen. Zwar ist nicht ganz klar, wo der erste Nussknacker wirklich hergestellt wurde, doch Mitte des 19. Jahrhunderts drechselte und bemalte ein Kunsthandwerker aus dem Erzgebirge das erste Serienmodell eines Nussknackers, das schließlich die Welt eroberte und uns heute vor allem als Weihnachtsdeko im Advent verzaubert.

Wie leide ich vor Sehnsucht!
Wäre es doch
Weihnachten!
Hans Christian Andersen

Das Wunderbarste an den

**Wundern**

ist, dass sie manchmal
wirklich geschehen.

Gilbert Keith Chesterton

Staunen zu können
ist der Anfang
aller
Wunder.
Thomas Romanus

# Winterliche Bratäpfel

**Zutaten: 4 Äpfel | 4 EL gehackte Mandeln | 4 EL Rosinen | 200 g weiche Butter | 3-4 EL Zucker | 2 TL Zimt | 2 TL Zitronensaft**

Den Backofen auf 220 °C (Umluft) vorheizen. Eine Auflaufform fetten. Die Äpfel waschen und abtrocknen. Das Kerngehäuse ausstechen und entfernen. Die Äpfel in die Auflaufform legen, sodass die Öffnung nach oben zeigt. Mandeln, Rosinen und Butter vermischen, Zucker, Zimt und Zitronensaft hinzugeben und ebenfalls vermengen. Die Masse in die vorbereiteten Äpfel füllen. Die Auflaufform in den vorgeheizten Backofen stellen und 40 Minuten backen lassen. Nach der Hälfte der Backzeit ggf. mit Alufolie bedecken, damit die Äpfel nicht anbrennen. Anschließend aus dem Ofen nehmen. Zum Servieren die noch warmen Äpfel auf Tellern anrichten. Nach Belieben mit zerlassener Butter, etwas Honig oder Vanillesoße beträufeln.

Ich wünsche dir himmlische Düfte, die durch dein Zuhause ziehen und dir die Adventszeit versüßen.

Auch ist mir kein
**Weihnachten,**
wo es auch war, vergangen,
ohne dass es hinter
meinen geschlossenen Augen
für eine Sekunde
unbeschreiblich hell wurde.

Rainer Maria Rilke

Weihnachten –
es war immer mein
schönstes Fest.
Theodor Storm

Alles, was deiner Seele
Licht und Wärme spendet,
**freut mein Herz.**

Robert Hyllus

Kerzen sind die
kleinen Sonnen des Winters:
Sie füllen **die Herzen**
mit Wärme und Licht.

Ingrid Koller

Die weißen Wege werden leiser,
die trauten Stuben lauschiger.
Da singt die Uhr, die Kinder zittern:
Im grünen Ofen kracht ein Scheit
und stürzt in lichten Lohgewittern, –
– und draußen wächst im Flockenflittern
der weiße Tag zur Ewigkeit.

Rainer Maria Rilke

**Ich wünsche dir,** dass du ab und an mit einer heißen Tasse Punsch vor einem prasselnden Kaminfeuer die Seele baumeln lassen kannst.

Alles, wofür
wir dankbar sind,
wird zu einem
**Geschenk**
für uns.

Thomas Romanus

Weihnachten
wäre nicht Weihnachten
ohne Geschenke.
Louisa May Alcott

Der Glanz der Weihnacht
möge sich in alle Herzen legen
und dort für immer eine
*Heimat finden.*

Paul Hufnagel

Die stille Leichtigkeit
der Weihnachtszeit wärmt
*unsere Herzen.*

Angelika Emmert

Ein einziger Stern spiegelt das Wunder dieser Welt.

Kirsten Schwert

Ich wünsche dir,
dass all deine Träume
unter einem
*guten Stern*
stehen.

**Weihnachten ist,
wenn die Sterne am Himmel
mit den Lichtern in der Welt
um die Wette strahlen.**

Irmgard Erath

An dunklen Dezembertagen
wünsche ich dir kleine und große
Lichtblicke.

Wie sich die Knospen
des **Barbarazweiges** bis
Weihnachten öffnen, so soll sich auch der
Mensch dem kommenden Licht auftun.

Johann Georg Fischer

# Blütenträume im Advent

Am 4. Dezember wird die zauberhafte, alte Tradition des Barbaratags gefeiert. An diesem Tag schneidet man Zweige von Obstbäumen ab und stellt sie zu Hause an einen warmen Ort mit etwas Wasser in eine Vase. Meistens entfalten sich die zarten Knospen bis zum Weihnachtsfest und sind so ein wunderschönes Zeichen der Hoffnung inmitten des Winters. Wenn du möchtest, dann schneide auch du einen Zweig ab und beobachte, wie sich die Blüten Tag für Tag ein wenig weiter öffnen. In der oft stressigen Vorweihnachtszeit ist das ein wunderbares kleines Ritual der Ruhe und Besinnung, das uns daran erinnert, dass auf jeden Winter ein neuer Frühling folgen wird.

Advent und

Weihnachten

ist wie ein Schlüsselloch, durch das auf unsren dunklen Erdenweg ein Schein aus der Heimat fällt.

Friedrich von Bodelschwingh

Die größten
Wunder
gehen in der
stille
vor sich.
Wilhelm Raabe

# Weihnachten

Joseph von Eichendorff

Markt und Straßen stehn verlassen,
Still erleuchtet jedes Haus,
Sinnend geh ich durch die Gassen,
Alles sieht so festlich aus.

An den Fenstern haben Frauen
Buntes Spielzeug fromm geschmückt,
Tausend Kindlein stehn und schauen,
Sind so wunderstill beglückt.

Und ich wandre aus den Mauern
Bis hinaus ins freie Feld,
Hehres Glänzen, heil'ges Schauern!
Wie so weit und still die Welt!

Sterne hoch die Kreise schlingen,
Aus des Schnees Einsamkeit
Steigt's wie wunderbares Singen –
O du gnadenreiche Zeit!

# Träume

**sind aus Wünschen gewebt.**

aus Brasilien

Die Familie

**ist die Heimat des Herzens.**

Giuseppe Mazzini

Ich wünsche dir, dass dir
**ein kleiner Stern** auch in der Dunkelheit
den Weg nach Hause leuchtet.

Man muss nur warten können, **das Glück** kommt schon.
Paula Modersohn-Becker

# Lieber, guter Nikolaus ...

Am Nikolaustag findet für Klein und Groß der erste freudige Höhepunkt der Weihnachtszeit statt. An diesem Tag streift der Nikolaus durchs Land und steckt Süßigkeiten, Obst und Spielzeug in die sauber geputzten Schuhe und Stiefel der Kinder. In einigen Familien kehrt er auch ein und beschenkt die Kinder persönlich. Diese lieb gewonnene Tradition gibt es schon viele Jahrhunderte und doch ist sie auch heute noch eine schöne Erinnerung daran, ein kleines bisschen Liebe zu verteilen. Lass dich davon inspirieren! Egal, ob ein Schokonikolaus für den Postboten oder eine Weihnachtskarte für die Nachbarin – selbst eine kleine Aufmerksamkeit schenkt große Freude und zaubert auch dir bestimmt ein Lächeln ins Gesicht.

Wenn Weihnachten
näherkommt, dann wird es
heller in unserem Leben und die
weihnachtliche Erwartung,
sie ist wie
**schöne Musik.**

Rainer Kaune

# Das Christfest

**macht mir das Herz
warm und froh.
Sein heller Stern
hat mir noch
immer geholfen,
wenn es dunkel
und kalt war.**

Catharina Elisabeth Goethe

Was von
Herzen kommt,
strahlt mehr
als Gold.
Friederike Weichselbaumer

# Leuchtender Glücksbringer

Wusstest du, dass der Weihnachtsstern ursprünglich aus Mexiko stammt? Dort wird er auch „Flor de Nochebuena“, die „Blume der Heiligen Nacht“ genannt. Einer alten Legende nach brachte ein armes, mexikanisches Mädchen an Weihnachten eine Handvoll Unkraut als Gabe für das Jesuskind in die Kirche. Doch als sie es ablegte, geschah ein Wunder – das Unkraut erblühte als sternförmige Blume in strahlendem Rot. Bis heute vertreibt der Weihnachtsstern auch bei uns das Grau des Winters. Das macht ihn im Advent zum perfekten kleinen Geschenk für liebe Menschen – oder natürlich für dich selbst.

# Weihnachtsschnee

Paula Dehmel

Ihr Kinder, sperrt die Näschen auf,
Es riecht nach Weihnachtstorten;
Knecht Ruprecht steht am Himmelsherd
Und bäckt die feinsten Sorten.

Ihr Kinder, sperrt die Augen auf,
Sonst nehmt den Operngucker:
Die große Himmelsbüchse, seht,
Tut Ruprecht ganz voll Zucker.

Er streut - die Kuchen sind schon voll -
Er streut - na, das wird munter:
Er schüttelt die Büchse und streut und streut
Den ganzen Zucker runter.

Ihr Kinder sperrt die Mäulchen auf,
Schnell! Zucker schneit es heute;
Fangt auf, holt Schüsseln - ihr glaubt es nicht?
Ihr seid ungläubige Leute!

Ich wüsste gerne,
ob der Schnee die Bäume und
die Felder liebt, wo er sie
**so zärtlich küsst.**
Lewis Carroll

Funkelnde Adventstage
voller Liebe, Licht
und Wärme –
die wünsche ich dir
von Herzen.

Solange wir leben,
kommt uns die
**Adventszeit**
mit Licht entgegen.

Friederike Weichselbaumer

**Advent –**

welche Erinnerungen sind
mit diesem Wort verbunden.
Die Vorfreude auf Weihnachten
brannte wie Feuer in
unseren Herzen.

Gudrun Kropp

Ein Funken Freude
reicht oft schon aus, um ein Feuer
im Herzen zu entfachen.
Paul Hufnagel

Monde und Jahre vergehen, aber
**ein schöner Moment** leuchtet
das ganze Leben hindurch.
Franz Grillparzer

Der gegenwärtige
Augenblick
ist stets voll unendlicher
Schätze.

Jean Pierre de Caussade

Weihnachtsgrüße
sind Sternenglanz
aus Worten.

Angelika Emmert

Ich wünsche dir
**liebevolle Begegnungen,**
die dein Herz berühren.

# Im Wunderland des Winters

**werden Märchen wahr.**

unbekannt

# Vom Christkind

Anna Ritter

Denkt euch, ich habe das Christkind gesehen!
Es kam aus dem Walde, das Mützchen voll Schnee,
mit rotgefrorenem Näschen.
Die kleinen Hände taten ihm weh,
denn es trug einen Sack, der war gar schwer,
schleppte und polterte hinter ihm her.

Was drin war, möchtet ihr wissen?
Ihr Naseweise, ihr Schelmenpack -
denkt ihr, er wäre offen der Sack?
Zugebunden bis oben hin!
Doch war gewiss etwas Schönes drin!
Es roch so nach Äpfeln und Nüssen!

# Zauberhafte Zimtsterne

**Zutaten: 4 Eiweiß | 1 Prise Salz | 280 g Puderzucker | 1 Päckchen Vanillezucker | 1,5 TL Zimt | 400 g gemahlene Mandeln**

Ein Backblech mit Backpapier auslegen und den Backofen auf 150 °C (Umluft) vorheizen. Das Eiweiß mit etwas Salz steif schlagen. Den Puderzucker sieben und nach und nach einrieseln lassen und unterheben. Für die Glasur etwa zwei Esslöffel der Mischung zur Seite stellen. Vanillezucker und Zimt zur Eischnee-Puderzucker-Mischung hinzugeben und einen Großteil der Mandeln nach und nach unterheben, bis der Teig nicht mehr klebt. Die restlichen Mandeln auf die Arbeitsplatte streuen und den Teig etwa einen halben Zentimeter dick darauf ausrollen. Die Sterne aus dem Teig ausstechen und auf das Backblech legen. Danach die Sterne mit der übrigen Eischnee-Puderzucker-Mischung bestreichen. Die Zimtsterne für ca. 25 Minuten backen. Sie sollten beim Herausnehmen noch etwas weich sein und anschließend auf einem Kuchengitter vollständig auskühlen.

Wer es versteht,
sich den Augenblick zu versüßen,
vergoldet ihn für die
**Ewigkeit.**

Marielle Schumann

Man kann auch rückwärts träumen:
wenn man sich
an Schönes erinnert.
Irmgard Erath

**Erinnerungen,**
die unser Herz berühren,
gehen niemals verloren.

unbekannt

# Es wichtelt sehr!

Bestimmt ist dir in der Weihnachtszeit auch schon der ein oder andere kleine Wichtel begegnet. Ursprünglich stammt die Tradition der Weihnachtswichtel aus Skandinavien. Weit oben im Norden, wo die Winter besonders kalt und dunkel sind, gelten sie als fleißige Helfer des Weihnachtsmanns und als Beschützer von Menschen und Tieren. Damit die lustigen kleinen Wesen nicht zu viel Schabernack treiben, stellt man am Weihnachtsabend ein kleines Schälchen Milchreis vor die Haustür, um sie zu besänftigen.
Auch hierzulande werden die kleinen Wichtel immer beliebter. Wenn du möchtest, dann lass auch bei dir einen kleinen Wichtel einziehen – als Erinnerung daran, dass der Advent auch für Erwachsene eine Zeit voller kleiner Wunder sein kann.

Wenn du Märchenaugen hast,
ist die Welt voller Wunder.
Victor Blüthgen

In uns selbst
liegen die Sterne
unseres Glücks.
Heinrich Heine

**Das Geheimnis**
der Weihnacht besteht darin,
dass wir auf unserer Suche nach
dem Großen und Außerordentlichen
auf das Unscheinbare und Kleine
hingewiesen werden.

unbekannt

# Am Abend vor Weihnachten

## Wilhelm Lobsien

Dämmerstille Nebelfelder,
schneedurchglänzte Einsamkeit,
und ein wunderbarer, weicher
Weihnachtsfriede weit und breit.
Nur mitunter, windverloren,
zieht ein Rauschen durch die Welt,
und ein leises Glockenklingen
wandert übers stille Feld.

Und dich grüßen alle Wunder,
die am lauten Tag geruht,
und dein Herz singt Kinderlieder,
und dein Sinn wird fromm und gut.
Und dein Blick ist voller Leuchten,
längst Entschlaf'nes ist erwacht …
Und so gehst du durch die stille
wunderweiche Winternacht.

Die Erde
hat Musik für diejenigen,
**die zuhören.**

William Shakespeare

Dass du dich an den leuchtenden Erinnerungen an vergangene Weihnachtsfeste wärmen kannst,
*das wünsche ich dir.*

Die Erinnerung steht immer dem Herzen zu Diensten.

Antoine de Rivarol

Ich werde Weihnachten

**in meinem Herzen**

ehren und versuchen,
es das ganze Jahr
hindurch aufzuheben.

Charles Dickens

Und so
leuchtet die Welt
langsam der
**Weihnacht**
entgegen.

Matthias Claudius

# Wundervolle Weihnachtsmärkte

Heute sind sie nicht mehr aus der Vorweihnachtszeit wegzudenken, doch die ersten Weihnachtsmärkte entstanden bereits im Mittelalter. Die Menschen deckten sich auf diesen Wintermärkten mit Nahrungsmitteln und handgemachten Waren für die kalte Jahreszeit ein. Richtig weihnachtlich-romantisch wurden die Märkte jedoch erst im Laufe der Jahrhunderte. Heute gibt es Weihnachtsmärkte in jeder Größe und für jeden Geschmack. Doch alle haben eines gemeinsam: Sie laden uns ein, zu schlemmen, zu schlendern und die weihnachtliche Stimmung zu genießen. Nimm dir bei deinem nächsten Besuch ganz bewusst dafür Zeit. Lass die Lichter, Klänge und Düfte auf dich wirken und beobachte das fröhliche Treiben ganz in Ruhe bei einer heißen Tasse Glühwein oder Apfelpunsch.

Die Fülle unseres
Lebens zeigt sich in der
Weihnachtszeit.
Elfriede Engel

Kein Feuer kann sich mit dem Sonnenschein
eines Wintertages messen.
Henry David Thoreau

**Wer im Sommer**
**über die Schönheit der Welt staunt,**
**wird im Winter ebenso viel**
**Grund zum Staunen und**
**Bewundern haben.**

John Burroughs

Ich wünsche dir, dass du
dich nicht aus der Ruhe bringen lässt
und die kleinen Momente der

**Besinnlichkeit**

umso mehr schätzen kannst.

Die drei schmackhaftesten Früchte der Weihnachtszeit sind Stille, Liebe und Besinnlichkeit.

Arthur Lindner

Aus dem

**Frieden im Herzen**

ergibt sich
die Zufriedenheit im Leben.

Marion Rabe

Augenblicke,
die uns erfüllen,
wärmen unser Herz
für lange Zeit.
Angelika Emmert

Versuchungen sollte man nachgeben. Wer weiß, ob sie wiederkommen!
Oscar Wilde

**Ich wünsche dir,**
dass du die vielen kleinen
Köstlichkeiten der Adventszeit
voll und ganz genießen
kannst.

**Da glänzt in die schneeige Winternacht**
**der Mond verklärend und kalt;**
**es glitzert in funkelnder Silberpracht**
**der Reif an den Bäumen im Wald.**
**O Welt, wie bist du schön.**

Maurice Reinhold von Stern

Das Licht einer Kerze
in tiefer Nacht
berührt wie ein Zauber die Herzen -
ganz sacht.
Renate Khan Boloki

Das staunende Auge
vermag stets
**eine Freude**
zu erkennen.

Elisa Erni

Wer noch Staunen kann,
ist immer
**einem Wunder nah.**

Roswitha Bloch

# Magische Mistelzweige

Der romantische Brauch, sich unter einem Mistelzweig zu küssen, stammt aus England. Hier nannte man die weißen Beeren der Mistel früher auch „Kuss-Kugeln“. Schon die Kelten sahen die Mistel, die im Winter blüht, als Zeichen der Liebe und des Friedens. Und auch hierzulande werden die kleinen grünen Zweige immer beliebter. Wenn du möchtest, dann hänge ebenfalls einen Mistelzweig in der Wohnung auf. Er kann eine schöne Erinnerung daran sein, dein Zuhause mit Liebe und Harmonie zu füllen.

Überall,
wo Liebe die Welt bewegt,
*ist Weihnachten.*

Walter Reisberger

Das größte Glück
liegt in den
kleinen Dingen.
Wilhelm Busch

Das ist

**Lebenskunst:**

Sich verzaubern lassen vom
Zauber des Augenblicks.

Peter Friebe

# Weihnachtslied

Theodor Storm

Vom Himmel in die tiefsten Klüfte
ein milder Stern herniederlacht;
vom Tannenwalde steigen Düfte
und hauchen durch die Winterlüfte,
und kerzenhelle wird die Nacht.

Mir ist das Herz so froh erschrocken.
Das ist die liebe Weihnachtszeit!
Ich höre fernher Kirchenglocken
mich lieblich heimatlich verlocken
in märchenstille Herrlichkeit.

Ein frommer Zauber hält mich wieder,
anbetend, staunend muss ich stehn;
es sinkt auf meine Augenlider
ein goldner Kindertraum hernieder,
ich fühl's, ein Wunder ist geschehen.

Träume sind wahr,
solange wir sie träumen,
und leben wir nicht immer
*im Traum?*

Alfred Tennyson

Winter ist, wenn es hell um uns
und ruhig in uns wird.
Franziska Ströbl

# Winternacht

Hoffmann von Fallersleben

Es zieht der Frost durch Wald und Feld
Und überspinnet jedes Reis
Und alle Halme silberweiß.
Er hauchet über dem See, und im Nu,
Noch eh' wir's denken, friert er zu.
So hat der Winter auch unser gedacht
Und über Nacht uns Freude gebracht.
Nun wollen wir auch dem Winter nicht grollen
Und ihm auch Lieder des Dankes zollen.

**Die Träumenden
und die Wünschenden
halten den feinen Stoff des
Lebens in den Händen.**

Franz Kafka

Zu schweben
vor Glück ist
die schönste Art der
Fortbewegung.
Angelika Emmert

Wie die Perlen einer Kette
können auch wir viele
schöne Momente
aneinanderreihen.
Paul Hufnagel

Das ist das Wunder der
*Heiligen Nacht*,
dass in die Dunkelheit der Erde
die helle Sonne scheint.

Friedrich von Bodelschwingh

Man muss dem Glück
**ein Pförtchen öffnen.**

Sprichwort

Eigentlich sind die schönsten
und herrlichsten Tage nicht die,
an denen etwas Großartiges,
Wundervolles oder Aufregendes
geschieht, sondern die, die einem
still und leise ein paar kleine
Freuden bringen, wie Perlen,
die von einer Schnur gleiten.

Lucy Maud Montgomery

# Wärmender Punsch

**Zutaten: 750 ml Wasser | 4 Beutel Kräutertee | ½ TL Lebkuchengewürz | 1 Zimtstange | 200 ml Apfelsaft | 200 ml Holunderbeerensaft | Optional: Orangenscheiben, Apfelstücke, Beeren**

Das Wasser in einem Topf zum Kochen bringen. Die Teebeutel darin nach Angabe ziehen lassen und anschließend herausnehmen. Das Lebkuchengewürz und die Zimtstange zugeben und den Tee erneut erhitzen, aber nicht kochen lassen. Die Gewürze entfernen und die Säfte zugeben. Nach Belieben noch frische Orangenscheiben, Apfelstückchen oder Beeren mit in den Punsch geben. Vor dem Servieren noch einmal kurz erwärmen und den Punsch anschließend in Becher füllen.

Aus der Ferne
diesen Wunsch:
glückliche Sterne
und guten
Punsch!
Theodor Fontane

Ein warmes
Herz
trägt durch manch
kalten Wintertag.
Elisa Erni

Ich wünsche dir

Dankbarkeit

für die vielen kleinen Wunder,
die dir geschenkt werden.

Ich wünsche dir
himmlische Wintertage,
an denen du bei schönstem
Sonnenschein durch den
knisternden, glitzernden Schnee
stapfen kannst.

**Erster Schnee hat immer wieder etwas Zauberhaftes.**

Elfriede Engel

Die Augenblicke, in denen
wir uns unendlich glücklich fühlen,
gehören zu den Sternstunden
**unseres Lebens.**

Ernst Ferstl

Weihnachtszeit:

**Das sind die Tage, in denen in aller Stille kleine Wunder geschehen.**

Irmgard Erath

Eine heiße Tasse Kakao,
ein freundliches Lächeln, das
fröhliche Treiben der Schneeflocken
vor dem Fenster – ich wünsche dir,
dass du im Adventstrubel die kleinen

**Glücksmomente**

wertschätzen kannst.

Das Glück sieht klein aus,
wenn man es in Händen hält,
aber lass es ziehen und du siehst,
wie groß und wie kostbar es ist.

Maxim Gorki

Die Botschaft von

**Weihnachten:**

Es gibt keine
größere Kraft als die Liebe.
Sie überwindet den Hass wie
das Licht die Finsternis.

Martin Luther King

Lichter
im Herzen
kann man
nie genug haben.
Friederike Weichselbaumer

**Gemütliche Stunden**
im Kreis deiner liebsten Menschen –
die wünsche ich dir
von Herzen.

Es gibt kein
immerwährendes Glück,
auf Erden aber viele
**Glücksmomente**
zum Glücklichwerden.

Horst Reiner Menzel

# Geschenke für kleine Freunde

Seit langer Zeit ist es in vielen Regionen Brauch, zu Weihnachten nicht nur einander, sondern auch die Tiere zu beschenken. Ist das nicht eine wunderschöne Tradition? Wenn du möchtest, dann schließe dich an und überrasche die Vögel im Garten mit selbst gemachten Vogelfutterplätzchen. Dazu musst du nur ein paar Plätzchenausstecher einseitig mit Alufolie umwickeln und etwas Kokosfett schmelzen. Gib anschließend geeignetes Wildvogelfutter dazu, verrühre alles gut und drücke die Masse in die Förmchen. Stecke einen Zahnstocher hinein, damit ein Loch entsteht. Lass alles gut abkühlen, fädle dann etwas Garn durch das Loch und binde eine Schlaufe. Hänge die Vogelfutterplätzchen draußen auf und freue dich darauf zu beobachten, wie die kleinen Piepmätze sich über ihre Weihnachtsüberraschung hermachen.

Große Taten können wir nicht vollbringen,
aber kleine mit viel Liebe.

Mutter Teresa

*Glück ist ein Wunderding.*
Je mehr man davon gibt,
desto mehr hat man.

Germaine de Staël

Weihnachtszauber
bringt Magie
in die Welt.

Angelika Emmert

Allüberall
auf den Tannenspitzen
sah ich
*goldene Lichtlein*
sitzen.

Theodor Storm

Freude
vermag auch aus
den flüchtigsten
schönen Momenten
großartige
Sternstunden
zu machen.
Yvonne Mölleken

Die Erde
ist noch immer voll schöner
Wunder.
Joseph von Eichendorff

**Bald kommt die liebe Weihnachtszeit,**
**worauf die ganze Welt sich freut;**
**das Land, so weit man sehen kann,**
**sein Winterkleid hat angetan.**

Robert Reinick

Das Leben
ist am schönsten,
wenn du den
*Moment*
genießt.

Elisabeth Hürlimann

# Ich wünsche dir,

dass Plätzchenduft,
Tannenzweige und
Kerzenlicht
dein Zuhause in einen
gemütlichen Ort
der Geborgenheit
verwandeln.

Es ist so schön,
beim Schein der Adventskerzen
mit denen zusammen zu sein,
die das eigene Leben
*bereichern*.

Rainer Kaune

# Adventslicht

Agnes Harder

Ich bin das Lichtlein, das erwacht
in der dunklen Winternacht.
Die Menschen gingen so gebückt;
doch als das Lichtlein sie erblickt,
da wussten sie: es kommt die Zeit,
da werden alle Herzen weit,
und alle Augen werden hell,
und alle Füße laufen schnell;
denn mitten aus dem Winterleid
ersteht die liebe Weihnachtszeit.

**Ich wünsche dir,**
dass es dir im Advent
gelingt, dir auch selbst
ein bisschen Zeit
zu schenken.

Es muss
von Herzen kommen,
was auf Herzen
wirken soll.
Johann Wolfgang von Goethe

Alles still! Es tanzt den Reigen
Mondenstrahl in Wald und Flur,
und darüber thront das Schweigen
und der Winterhimmel nur.

Theodor Fontane

# Mystische Raunächte

Auch wenn es auf den ersten Blick nicht so scheint: Die dunkle Zeit geht nun zu Ende und das Licht kehrt in unsere Welt zurück. Neben Weihnachten beginnen in der Nacht zum 25. Dezember auch die Raunächte. Früher glaubte man, dass in den Tagen zwischen dem alten und dem neuen Jahr ein besonderer Zauber in der Luft liegt. Was man in den Raunächten träumt, das soll im neuen Jahr in Erfüllung gehen. Egal, ob du an die Magie der Raunächte glaubst oder nicht – sie sind eine wunderbare Gelegenheit, den Weihnachtszauber noch ein bisschen zu verlängern und mit neuen Träumen und Hoffnung ins neue Jahr zu starten.

Die Nacht vor dem

*heiligen Abend,*

da liegen die Kinder im Traum.
Sie träumen von schönen Sachen
und von dem Weihnachtsbaum.

Robert Reinick

**Weihnachtsfreude**
ist an unsere Seele gebunden,
wie ein Glöckchen an den
Tannenbaum.

Elfriede Engel

Der Zauber
der Weihnacht
liegt in dem
Geheimnis
der Liebe.
Brigitte Theilen

Mein Weihnachtswunsch
für dich:
**zauberhafte Momente,**
die dein Fest in eine
deiner schönsten Erinnerungen
verwandeln werden.

**Wir von GROH wollen die Welt ein bisschen verschönern – mit liebevollen Geschenken, die glücklich machen.**

GROH.DE

@die_geschenkverlage

**Besuchen Sie uns im Internet: www.groh.de**



Textnachweis: Wir danken allen Autoren bzw. deren Erben, die uns freundlicherweise die Erlaubnis zum Abdruck von Texten erteilt haben, sowie Ernst Ferstl, www.gedanken.at, S. 116.

Bildnachweis: Cover: Framefolio/stock.adobe.com; Innenteil: Shutterstock.com; S. 13: Andrew_Howe/Getty Images; S. 15: svetikd/Getty Images; S. 19: Iza Łysoń/Getty Images; S. 21: Hiroshi Higuchi/Getty Images; S. 25: Anastasiya Bogdanova/500px/Getty Images; S. 27: exclusive-design/stock.adobe.com; S. 29: Johner Images/Getty Images; S. 33: magdal3na/stock.adobe.com; S. 35: yurolaitsalbert/stock.adobe.com; S. 37: Irina Lav/stock.adobe.com; S. 39: emmi/stock.adobe.com; S. 41: RobertAo Moiola/Sysaworld/Getty Images; S. 42: hunterkitty/stock.adobe.com; S. 45: shangarey/stock.adobe.com; S. 49: Cristi/stock.adobe.com; S. 53: Anastassiya/stock.adobe.com; S. 54: Liliya Krueger/Getty Images; S. 57: Mumemories/stock.adobe.com; S. 62: Schon/Getty Images; S. 65: Yuliia Kokosha/Getty Images; S. 69: Racamani/stock.adobe.com; S. 70: Alexander Spatari/Getty Images; S. 73: Nata Serenko/Getty Images; S. 74: Yuliya/stock.adobe.com; S. 77: mRGB/stock.adobe.com; S. 81: Evelina Edreva/Getty Images; S. 84: ekim/stock.adobe.com; S. 87: Marina April/stock.adobe.com; S. 89: uladzimirzuyeu/stock.adobe.com; S. 90: fcafotodigital/Getty Images; S. 93: Westend61/Getty Images; S. 94: emmi/stock.adobe.com; S. 97: New Africa/stock.adobe.com; S. 98: Brent Hofacker/stock.adobe.com; S. 101: kite_rin/stock.adobe.com; S. 102: Lars Johansson/stock.adobe.com; S. 108: wbritten/Getty Images; S. 111: Westend61/Getty Images; S. 112: Oleg/stock.adobe.com; S. 116: ArtistGNDphotography/Getty Images; S. 121: Anastassiya/stock.adobe.com; S. 122: Halfpoint/stock.adobe.com; S. 126: shangarey/stock.adobe.com; S. 129: S.H.exclusiv/stock.adobe.com; S. 130: Myst/stock.adobe.com; S. 133: Photovitamin/stock.adobe.com; S. 138: Ivan Kmit/stock.adobe.com; S. 141: Elena/stock.adobe.com.

Text: Ella Rosenbusch
Cover: Barbara Fuchs
Layout: Doris Wohofsky, Dipl. Kommunikationsdesignerin
Satz: Peter Ball, Media Diversified GmbH
Gesamtherstellung: Elma Printing & Finishing, Istanbul

ISBN 978-3-8485-0323-0

Kontaktadresse nach EU-Produktsicherheitsverordnung:
produktsicherheit@droemer-knaur.de

FSC www.fsc.org MIX Papier I Fördert gute Waldnutzung FSC® C164814

1 2 3 4 5